Student's Economics Class

What comes to your mind when you think of 'economy'? People associate economy with making a lot of money. People believe that if the economy is good, they can make a lot of money. Making a lot of money can be good because it gives people more opportunities to get what they want.

An economy works well when money and goods or services are well exchanged and used. If you have a lot of money but nothing to exchange it for, if you make a lot of stuff but not enough people to use it, if you have a limited supply of stuff and everyone wants it, and if you don't have the resources to make stuff, what happens to the economy?

The economy isn't a vending machine where you put your money in and it comes out, or a laundry machine at a coin-operated laundromat where you put your money in and it goes straight to work. It's a lot more complicated than that.

Let's learn about the economy from now on. This book explains the economy in a question-and-answer format so that you can read it with fun. As you come up with answers to the questions, you'll find out how much you know and care about the economy.

When you grow up, you'll be active in the economy, and we hope this book will get you excited about the economy and help you imagine what kind of economic activities you'll engage in the future.

In the Text

* *The meaning of economy - What does self-sufficiency have to do with the economy?*

* *Supply and demand - Whose "invisible hand" does it belong to?*

* *Scarcity and price of resources - sugar is as valuable as diamonds?*

* *Choice and Economic Principles - Isn't it nice to make an infinite amount of stuff and sell a lot of it?*

* *Trade - Can't people in the same country live well if they only buy and sell things among themselves?*

* *Inflation and the value of money – Is the number on the money not the same as the value of the money?*

* *Economic Crisis and Sovereign Default – Can countries really collapse?*

용돈으로 시작하는

어린이 경제 교실

풀과바람 지식나무 54

용돈으로 시작하는 어린이 경제 교실
Student's Economics Class

1판 1쇄 | 2025년 1월 31일

글 | 이영란
그림 | 박우희

펴낸이 | 박현진
펴낸곳 | (주)풀과바람
주소 | 경기도 파주시 회동길 329(서패동, 파주출판도시)
전화 | 031) 955-9655~6
팩스 | 031) 955-9657
출판등록 | 2000년 4월 24일 제20-328호
블로그 | blog.naver.com/grassandwind
이메일 | grassandwind@hanmail.net

편집 | 이영란
디자인 | 박기준
마케팅 | 이승민

ⓒ 글 이영란 · 그림 박우희, 2025

값 14,000원
ISBN 979-11-7147-110-2 73300

※ 잘못 만들어진 책은 구입처에서 바꾸어 드립니다.

제품명 용돈으로 시작하는 어린이 경제 교실	**제조자명** (주)풀과바람	**제조국명** 대한민국	⚠ **주의**
전화번호 031)955-9655~6	**주소** 경기도 파주시 회동길 329		어린이가 책 모서리에
제조년월 2025년 1월 31일	**사용 연령** 8세 이상		다치지 않게 주의하세요.
KC마크는 이 제품이 공통안전기준에 적합하였음을 의미합니다.			

용돈으로 시작하는
어린이 경제 교실

이영란 글 · 박우희 그림

풀과바람

머리글

사람들은 '경제'를 돈을 많이 버는 일쯤으로 생각합니다. 경제가 좋으면 돈을 많이 벌 수 있다고 믿기 때문이에요. 돈을 많이 벌면 나쁠 게 없지요. 도둑이 들까 봐, 사기꾼한테 속을까 봐 걱정되기는 해도 원하는 것을 가질 기회가 많아지니까 좋을 수밖에요.

그런데 돈을 많이 벌어서 금고에 넣어두고는 '나는 부자다' 하고 만족하기만 하면 어떤 일이 일어날까요? 이런 사람이 많아지면 경제는 어떻게 될까요?

경제는 돈과 상품, 서비스가 원활하게 교환되고 쓰여야 잘 돌아갑니다. 만일 돈이 많아도 돈으로 바꿀 수 있는 물건이 없다면, 물건을 많이 만들었는데 그것을 사용할 사람이 많지 않다면, 물건은 한정되어 있는데 사람들이 너 나 할 것 없이 그 물건을 원한다면, 물건을 만들 자원이 없다면, 경제는 어떻게 되는 걸까요? 세상은 어떻게 돌아가게 될까요?

경제는 돈을 넣자마자 뚝딱 물건이 나오는 자동판매기도 아니고, 돈을 넣으면 재깍 움직이는 코인 빨래방의 세탁기도 아니에요. 여러 가지가 복잡하게 연결되어 있지요. 여러분의 용돈은 큰돈은 아니지만 가정 경제의 일부예요. 그리고 더 커다란 경제의 흐름 속으로 흘러 들어가서 경제 활동을 이루지요.

경제에 대해 알아보아요. 단, 설명만 잔뜩 늘어놓으면 지루해할 것 같아서 질문으로 시작합니다. 그것은 여러분이 평소에 궁금해했거나 질문을 보자마자 궁금해지는 것들일 수 있어요. 질문에 대한 답을 떠올리며 읽어 보세요. 여러분이 경제에 대해 얼마나 알고 있고, 관심이 있는지 알게 될 거예요.

여러분이 어른이 되면 경제 활동을 활발히 하게 돼요. 이 책으로 경제에 흥미를 느껴서 앞으로 어떤 경제 활동하게 될지, 미래의 자신을 상상해 보기를 바라요.

이영란

차례

경제의 의미

01 자급자족과 경제가 무슨 상관이에요?

베트남의 브루-번끼에우 소수민족은 오지에 살며 여전히 자급자족해요. 전세계 사람들이 자급자족한다면 어떤 모습일까요?

9

아주 오랜 옛날, 사람들은 필요한 것을 스스로 구하는 '자급자족'의 삶을 살았어요. 하지만 자신이 필요한 양보다 남는 것이 있으면 다른 사람의 것과 바꾸었어요. 다치거나 아파서 꼼짝도 못 하게 되면 필요한 것을 이웃에게 빌리고 나중에 되돌려주었죠. 사람들은 스스로 모든 것을 구하면서도, 필요하고 원하는 물건을 서로 주고받는 '물물교환'과 '거래'를 했어요. 이것이 '경제'의 시작이에요.

자급자족하면 돈이 필요 없어요. 하지만 물물교환을 하려면 물건을 가지고 다녀야 하므로 무겁고 귀찮아요. 어떤 것들은 금방 썩고 상해서 바꾸는 도중에 다툼이 일어날 수 있어요. 채소나 생선, 고기 등을 신선하게 보관할 장소가 필요한데, 전기는 자급자족하기 어려우니 냉장고가 있어도 쓸모가 없을 거예요. 자급자족하는 이들에게 인공지능(AI), 소셜 네트워크 서비스(SNS), 자율 주행 자동차, 4차 산업혁명 같은 말들은 외계어처럼 들릴지도 모르겠어요.

'경제'란 사람 사이에 이루어지는 활동의 하나로, 먹고 사는 것부터 즐기는 것, 원하는 것 등을 생산, 분배, 소비하는 것을 말해요.

생산   분배   소비

'생산'은 생활하는 데 필요한 각종 물건이나 서비스를 만들어 내는 거예요. 학생이 학교에 가려면 가방과 학용품, 옷, 신발 등이 필요해요. 우리가 손으로 만질 수 있는 물건을 '재화'라고 해요.

재화

반면, 선생님이 학생을 가르치는 일, 미용실에서 머리를 가꾸는 일, 물건을 나르는 일 등을 '서비스'라고 해요. 만질 수는 없지만, 물건을 가졌을 때처럼 사람이 만족을 느끼게 하지요.

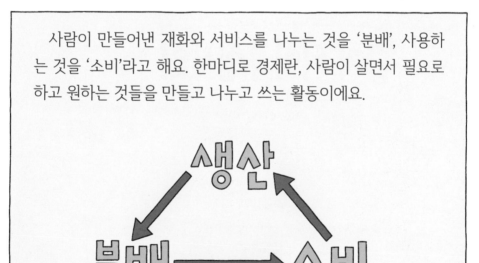

사람이 만들어낸 재화와 서비스를 나누는 것을 '분배', 사용하는 것을 '소비'라고 해요. 한마디로 경제란, 사람이 살면서 필요로 하고 원하는 것들을 만들고 나누고 쓰는 활동이에요.

경제주체 – 정부, 기업, 가계

02 경제에 필요한 건 돈 아닌가요?

농사를 짓기 시작하면서 사람들의 삶은 전과는 확연히 달라졌어요. 인구가 늘고, 직업이 생겼으며, 국가가 나타났어요. 만일 국가가 없다면 경제는 어떻게 흘러갈까요?

예나 지금이나 비가 많이 올 때는 홍수가 일어나고, 비가 자주 오지 않을 때는 가뭄이 들어서 농사짓기가 어려워요. 국가가 없던 시절, 홍수와 가뭄에 대비해 저수지, 물이 흐르는 수로 등을 지어야 했는데, 이런 일은 몇몇 사람이 할 수 있는 게 아니지요. 또 남의 것을 빼앗아 사는 부족 사람들이 일으킨 전쟁에 다치거나 재산을 빼앗겼어요.

사람들은 힘이 있는 사람의 보호를 받으며 편히 일하기로 했어요. 그 사람을 '왕'이라 부르고, 왕이 관리를 뽑아 더 많은 일을 할 수 있도록 세금을 냈지요.

이렇듯 사람의 활동이 다양해지면서 국가가 나타났고, 오늘날에는 국가(정부)와 기업, 가계가 서로 연결되어 활발하게 경제 활동이 이루어지고 있어요.

한 집안에서 가족이 벌어들이고 쓰는 경제 활동을 '가계'라고 해요. 자급자족하던 시대에서 벗어나 누군가의 일을 대신하거나 그 밑에서 일하고는 대가를 받기 시작했어요.

그 대가를 '임금' 또는 '급여'라고 하죠.

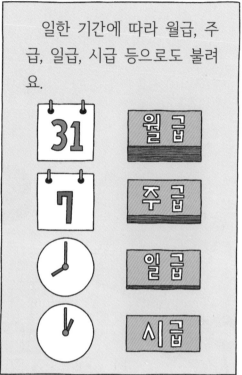

일한 기간에 따라 월급, 주급, 일급, 시급 등으로도 불려요.

월급

주급

일급

시급

이렇게 번 돈으로 소비 활동을 해요.

'기업'은 돈을 많이 벌기 위해 물건을 만들어 널리 파는 등의 생산 활동을 하는 조직이에요. 아이스크림, 옷, 가전제품, 배달 등 생활에 필요한 물건이나 서비스를 만들어 팔기 위해 사람들을 뽑아 일자리와 임금을 줘요.

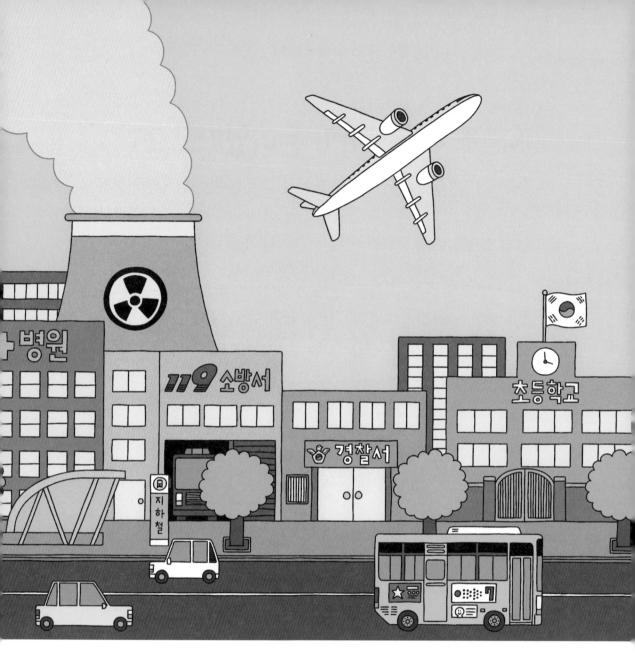

　　국가(정부)는 가계와 기업이 내는 세금으로 다 같이 사용하는 시설이

나 서비스를 만드는 경제 활동을 해요. 국가가 만드는 도로, 지하철, 다

리, 공항, 수도, 전기 같은 시설과 국방, 소방, 경찰, 교육, 의료 등의 서비

스를 '공공재'라고 해요.

03 돈의 등장
조개껍데기가 돈이었다고요?

콩고 왕국은 1600년대까지 '은짐부' 또는 '짐보'라 불리는 조개껍데기를 돈
으로 사용했어요. 닭 한 마리에 조개 300개, 양 한 마리에 2천 개였다고 해
요. 만일 조개껍데기를 돈으로 사용한다면 어떤 기분일까요?

닭 한 마리, 양 한 마리 얼마예요?

24

옛날 사람들은 좀 더 편하게 거래하기 위해 조개껍데기, 돌, 짐승의 가죽, 보석, 옷감, 농산물 등을 이용했어요. 더 가치가 있고 잘 변하지 않는 금, 은 등으로 동전을 만들기도 했죠. 우리가 '돈'이라고 알고 있는 것과는 달랐어요.

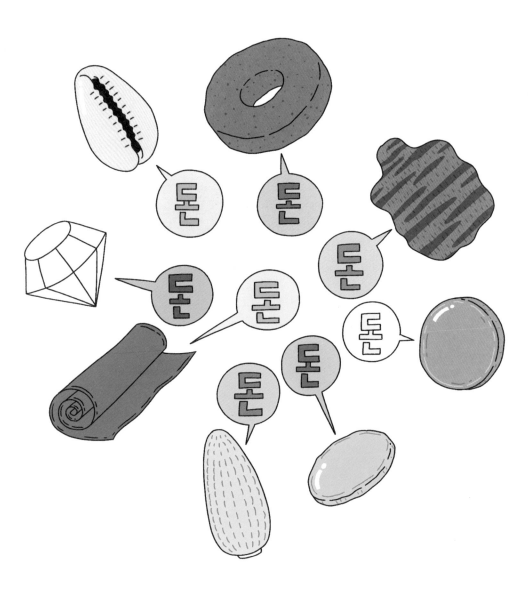

동전도 양이 많으면 무겁고 나쁜 사람들의 공격을 받아 빼앗기기도 쉬웠어요. 그래서 돈을 믿을 만한 데 맡겨두고 증서를 받아뒀다가 원하는 곳에서 찾을 수 있게 하는 방법도 생각해 냈지요. 이것은 종이로 만든 돈인 '지폐'로 발전했어요. 지폐는 가볍기는 해도 불에 탈 수 있는 종이라서 사람들이 돈으로서 가치가 있다고 여기기까지 꽤 오랜 시간이 걸렸답니다.

우리는 경제를 말할 때 돈을 떠올리지만, 돈은 수단일 뿐이에요. 불편하기는 해도 여전히 조개껍데기를 돈으로 쓸 수 있지요.

하지만 조개껍데기를 넣어 다니려면 주머니밖에 쓸 수 없을 거예요.

깨지기 쉬우니 조심스럽게 다뤄야 하고, 비싼 물건을 살 때면 조개껍데기를 일일이 세느라 시간이 한참 걸리겠죠.

실제로 돈은 거래할 물건, 서비스 등의 가치를 숫자로 바꿔놓은 거예요. 반드시 동전, 지폐가 아니어도 돼요. 플라스틱으로 된 체크카드와 신용카드뿐만 아니라 스마트폰이 등장한 이후에는 만질 수 없는 앱카드, 간편 결제 서비스인 PAY, 전자화폐가 돈 대신 쓰이는 것만 봐도 알 수 있지요.

04 보이지 않는 손은 누구 거예요?

중국인들의 돼지고기 사랑은 대단해요. 전 세계 사람들보다 3배 이상 많이 먹지요. 만일 돼지열병(CSF)이 돌면 중국 사람들은 돼지고기를 덜 먹게 될까요?

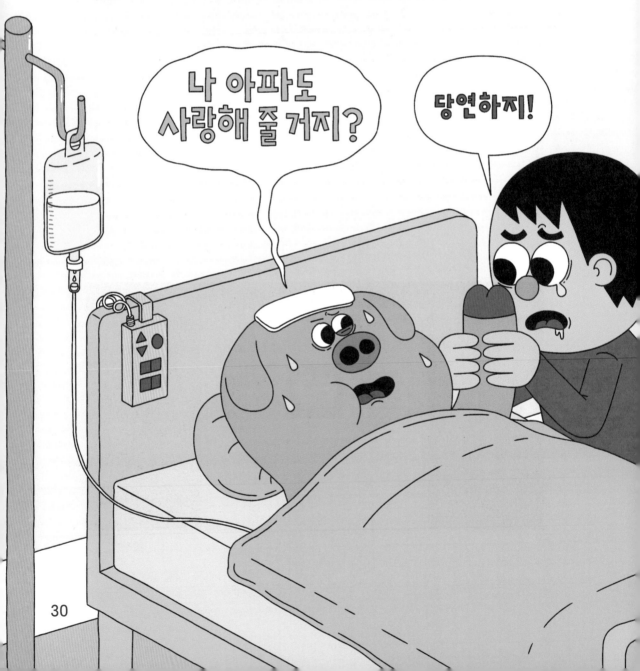

실제로 2019년에 중국에 돼지열병이 돌아서 돼지들이 많이 죽었어요. 그 결과 돼지고기 생산량이 줄었고, 가격이 많이 올랐어요. 가격이 비싼 탓에 돼지고기를 사는 걸 주저하거나 적게 사서 예전보다 중국 사람들이 돼지고기를 덜 먹었다고 해요.

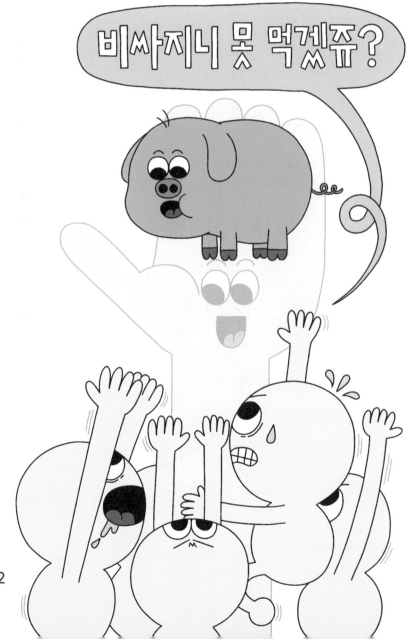

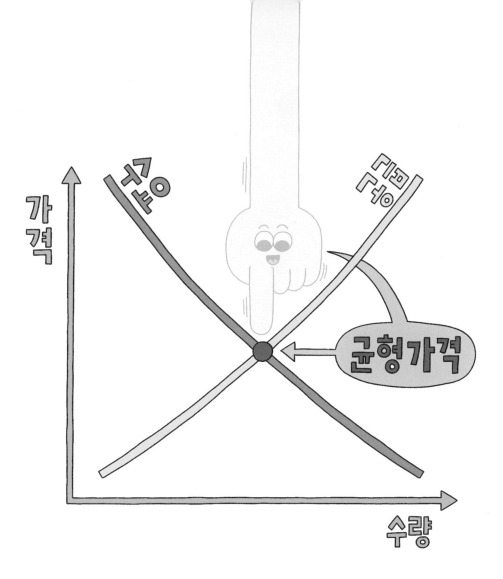

    돼지고기가 충분치 않은데 사려는 사람이 많으면 가격이 올라요. 물건이나 서비스를 사려고 하는 것을 '수요'라고 하는데, 이럴 때 "수요가 많다."라고 하죠.

    반대로 돼지를 많이 키우는 데다 돼지열병도 없으면 돼지고기 가격이 내려가요. 물건이나 서비스를 팔려고 하는 것을 '공급'이라고 하는데, 이럴 때 "공급이 많다."라고 해요.

　물건이나 서비스의 가격은 누가 일부러 올리거나 내리는 게 아니라, '보이지 않는 손'이 결정해요. 사람 눈에 보이지 않는 수요와 공급에 따라 저절로 가격이 정해진다는 뜻으로, 영국의 경제학자 애덤 스미스가 《국부론》이란 책에서 한 말이에요.

시장에 가면 물건을 사려는 사람과 팔려는 사람이 모두 있어요. 흔히 시장하면 동네에 있는 재래시장이나 마트 같은 곳을 떠올리지만, 수요자와 공급자가 있는 곳이면 그곳이 바로 '시장'이에요.

주식을 사고파는 주식시장, 일꾼이 필요한 곳과 일하고 싶어 하는 사람을 연결해 주는 인력시장, 인터넷에서 물건을 사고파는 오픈마켓, 돈을 사고파는 금융시장, 각 나라의 돈이 거래되는 외환시장 등이 있어요.

시장은 팔려는 사람과 사려는 사람을 연결해 줘요. 수요와 공급으로 가격이 정해지는 곳이에요.

자원의 희소성과 가격

05 설탕이 다이아몬드만큼 귀하다고요?

기후 변화로 폭염이 지속되고 가뭄이 심해져서 사탕수수 생산량이 줄고 있어요. 만일 사탕수수를 가장 많이 생산하는 브라질이 예전만큼 수출하지 못한다면 어떻게 될까요?

사탕수수는 세계에서 생산량이 가장 많은 농작물로, 설탕을 만드는 데 쓰여요. 사탕수수보다 조금 더 추운 지역에서 재배되는 사탕무로 설탕을 만들면 되지만, 예전보다 설탕이 많이 부족해질 거예요.

사탕수수는 1년 내내 덥고 습한 곳에서 자라요. 추운 나라에서는 사탕수수를 수입해서 설탕으로 만들거나 생산지에서 만들어진 설탕을 저렴하게 수입하지요. 사탕수수 생산량이 줄면 설탕 생산량도 줄어요.

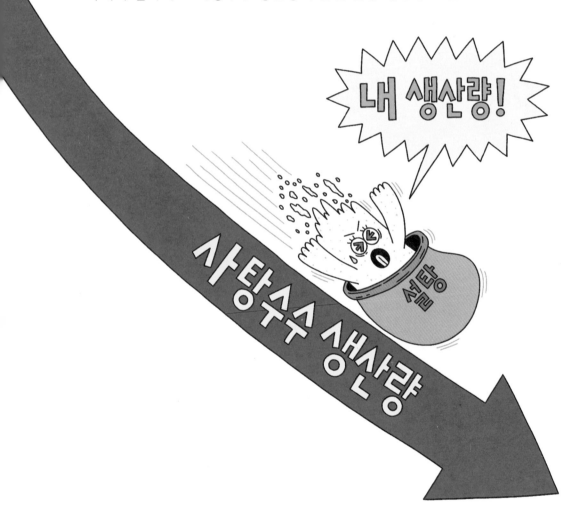

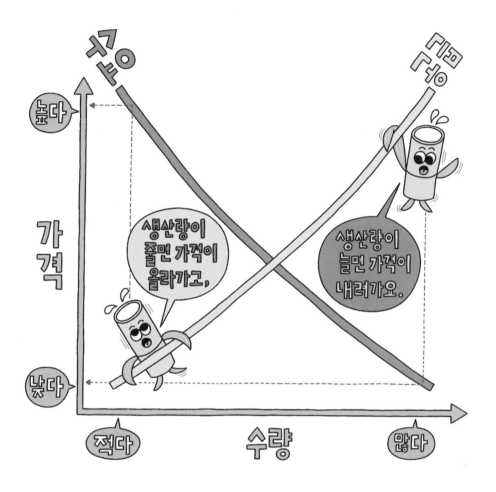

　사람들은 단맛을 좋아해서 설탕 없는 집이 거의 없어요. 전 세계 사람들이 설탕을 사용하기 때문에, 브라질이 사탕수수를 많이 수출하지 못하면 설탕값이 올라요. 반대로 사탕수수 생산량이 늘어서 설탕을 많이 만들어내면 설탕값은 내려가요.

보츠와나의 한 광산에서 채굴된 다이아몬드가 2023년 6월 450억 원이 넘는 가격에 팔렸어요.

450억 낙찰!

가격이 적당하네.

이런 보석은 흔하지 않기 때문에 부자라 해도 누구나 가질 수 없지요.

부럽다.

내가 사려고 했는데.

이렇듯 사람이 원하는 것에 비해 재화나 서비스가 부족한 것을 '자원의 희소성'이라고 해요.

자원의 희소성

설탕은 다이아몬드만큼 귀한 건 아니지만, 사탕수수 재배량에 따라 희소성을 가져요. 자원의 희소성은 가격을 결정해요.

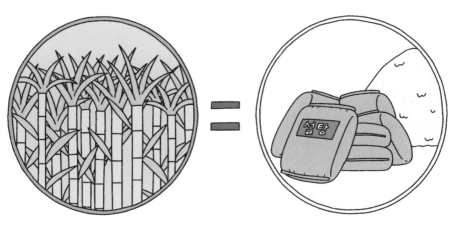

흔하지 않은 것일수록, 사람들이 많이 가지려고 하는 것일수록 비싸져요.

선택과 경제원칙
06 끝도 없이 만들어서 많이 팔면 좋은 거 아녜요?

니켈은 전기자동차의 배터리에 쓰이는 아주 중요한 재료예요. 만일 니켈 강국 인도네시아가 미래를 위해 아껴야 한다며 니켈을 더는 생산하지 않겠다고 하면 어떻게 될까요?

자원의 희소성은 선택의 문제를 일으켜요. 물건을 만드는 생산자는 무엇을 얼마나 생산할 것인가, 어떻게 생산할 것인가 같은 선택을 해야 해요.

니켈 생산량이 줄어들면 수요와 공급의 원칙에 따라 가격이 올라요. 니켈 가격이 오름에 따라 전기자동차를 생산하는 기업은 전기자동차 가격을 올려야 할지 고민하게 돼요. 가격이 올라서 소비자가 전기자동차 구매를 주저하게 되면 기업의 이익이 줄어들기 때문이지요.

기업은 물건이나 서비스를 만들어 팔아서 남은 돈인 '이윤'을 크게 남겨야 해요. 잘못된 선택은 돈과 자원을 낭비하게 하죠. 이윤도 얻지 못해요. 따라서 경제원칙으로 문제를 해결해요. '경제원칙'이란 할 수 있는 한 가장 적은 비용 또는 노력을 들여서 가장 큰 효과를 얻는 거예요.

전기차 타면서 환경도 보호

니켈 생산량이 줄어든 만큼 전기자동차를 적게 만드는 선택을 할 수 있어요.

전기자동차의 인기가 많다면 가격이 올라서 당분간은 이윤을 얻을 거예요. 니

켈을 대신할 재료를 개발할 수도 있어요. 하지만 시간이 꽤 걸릴 테죠. 수소자

동차 같은 또 다른 친환경 차를 더 많이 만들고 널리 홍보해서 사람들의 전기

자동차에 관한 관심을 바꿔놓을 수도 있어요. 니켈 가격이 안정될 때까지 석유

와 전기를 같이 쓰는 하이브리드 자동차를 만들어 저렴하게 팔 수도 있죠.

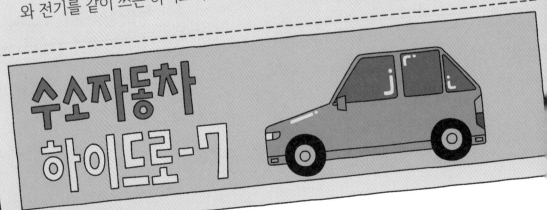

수소자동차
하이드로-7

46

물건을 사거나 서비스를 이용하는 '소비자'도 쓸모와 형편, 원하는 것 등을 따져서 경제원칙에 따라 소비해요. 자원과 돈을 낭비하지 않고 만족스러운 선택을 하는 거죠. 여러 색의 색연필 가운데 하나만 골라야 한다면 좋아하는 색깔을 고르는 게 만족감이 크겠죠. 비싼 것과 싼 것이 있을 때 용돈을 다 쓰기 싫다면 싼 것을 골라요. 마침 배가 고프다면 저렴한 것을 사고 남은 돈으로 라면이나 빵을 살 수 있어요.

07 비싼 게 좋은 거 아닌가요?

폴란드는 미국의 F-16 전투기를 구매하려고 했어요. 최종적으로는 한국의 FA-50 전투기를 선택했지요. 만일 폴란드가 원래의 계획을 밀어붙였다면 어떤 상황을 맞닥뜨리게 됐을까요?

폴란드는 낡고 오래된 러시아제 전투기를 미국의 F-16으로 바꾸려고
했어요. 그러나 가격이 비싼 데다 실제로 손에 넣기까지 아주 오래 기다
려야 했어요. 하루라도 빨리 전투기를 폴란드에 줄 수 있는 나라는 한국
뿐이었어요.

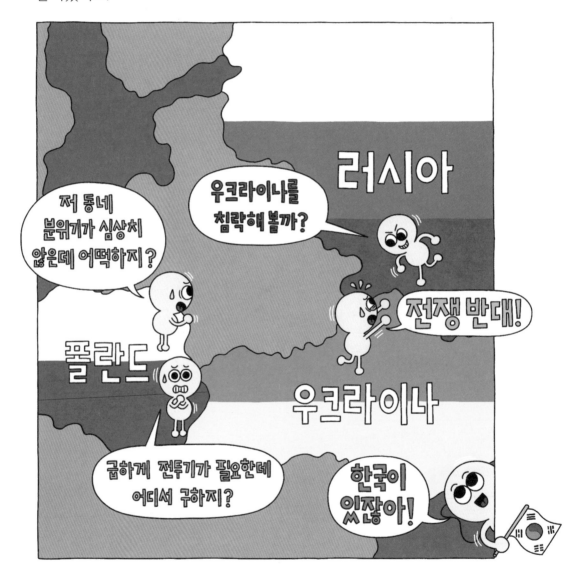

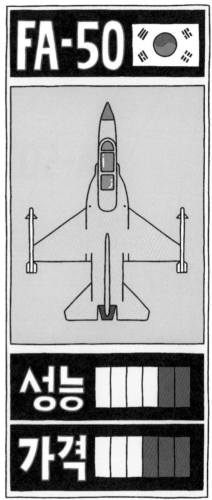

    F-16과 FA-50 중 하나를 선택하고, 이때 포기한 것으로 얻을 수 있는 이익을 '기회비용'이라고 해요. 이 두 전투기는 성능이 비슷한데, 가격 차이가 커요. 수요는 많고 공급이 더뎌서 400억 원 정도 하던 F-16은 2023년 기준 683억 원이 넘었어요. 반면, FA-50은 387억 원 정도 했죠. F-16 한 대 값으로 FA-50을 두 대 살 수 있는 셈이에요.

전투기는 가격이 비싼 만큼 오래 사용하는데, 꾸준히 관리하고 고쳐 쓰면 40년 넘게 운용할 수 있어요. FA-50은 F-16보다 유지하고 보수하는 비용이 적게 들어요. 또 FA-50은 F-16과 바꾸어 쓸 수 있는 부품이 많아서 이들 전투기를 동시에 운용할 수도 있어요.

자원의 희소성 때문에 선택해야만 하는 상황에서 기회비용은 후회를 줄이기 위한 경제원칙이에요. 개인이든 기업이든 나라든 기회비용을 따져서 그 값이 적은 쪽을 선택하는 거예요. 포기한 것의 기회비용이 크면 애써 마음을 달래도 후회가 클 거예요.

08 상인은 꼭 있어야 하나요?

한국이 코리아로 불리게 된 데는 아라비아 상인들이 있어요. 아라비아 상인들이 고려의 물건을 사서 유럽, 아프리카 등에 되팔면서 고려의 이름이 알려졌기 때문이죠. 만일 상인이 없다면 어떨까요?

상인은 경제 활동에서 아주 중요해요. 생산된 물건이 필요한 사람들에게 도달하기까지 거치는 '유통'에서 물건을 파는 활동을 하지요.

상인이 없으면 생산자가 물건을 팔기 위해 여기저기 다녀야 하므로 충분히 생산하기가 어려워요. 수요보다 공급이 부족하면 가격이 오르고, 비싼 탓에 물건이 잘 안 팔릴 수 있지요. 생산자는 원하는 만큼 돈을 벌지 못하게 될 테고, 아예 직업을 바꿀지도 모르죠.

시장에 늘 상인이 있는 게 아니므로 시장은 반짝하고 나타났다가 사라지곤 할 거예요. 소비자는 직접 생산지로 찾아가서 물건을 사야 하는 불편을 겪어야 하지요. 다른 나라의 물건은 구경하기도 힘들죠. 상인이 있어야 외국 물건을 수입할 텐데 그럴 수가 없잖아요.

상인은 생산자로부터 사들인 물건의 가격과 소비자에게 판 가격의 차이로 이익을 얻어요. 따라서 생산자와 소비자 사이에서 값을 흥정하지요. 또 가격에 영향을 끼치기도 해요. 물건을 찾는 수요가 많으면 물건값을 올려받기도 하고, 잘 안 팔리는 물건은 싼값에 팔기도 하기 때문이에요.

물건이 유통되는 단계는 여러 가지예요. 상인을 거치지 않고 생산자가 소비자에게 바로 전달하기도 하고,

생산자에서 도매상과 소매상을 연달아 거치거나 소매상만 거쳐 소비자에게 전달되기도 해요.

도매상은 물건을 묶음으로 사서 파는 상인이에요.

소매상은 생산자나 도매상에게 물건을 사서 낱개로 팔아요.

중간에 거치는 단계가 많으면 물건을 옮기는 운반비, 물건을 보관하는 보관비, 중간 상인의 이익까지 더하므로 물건값이 비싸져요.

09 같은 나라 사람끼리만 잘 먹고 잘살면 안 되는 거예요?

한국은 석유 한 방울 나지 않고 천연자원도 부족해요. 그래서 많은 나라와
무역을 하지요. 만일 한국이 무역하지 않는다면 어떤 일이 생길까요?

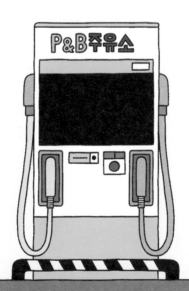
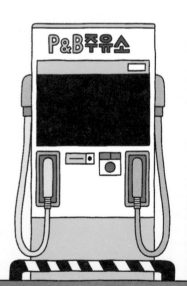

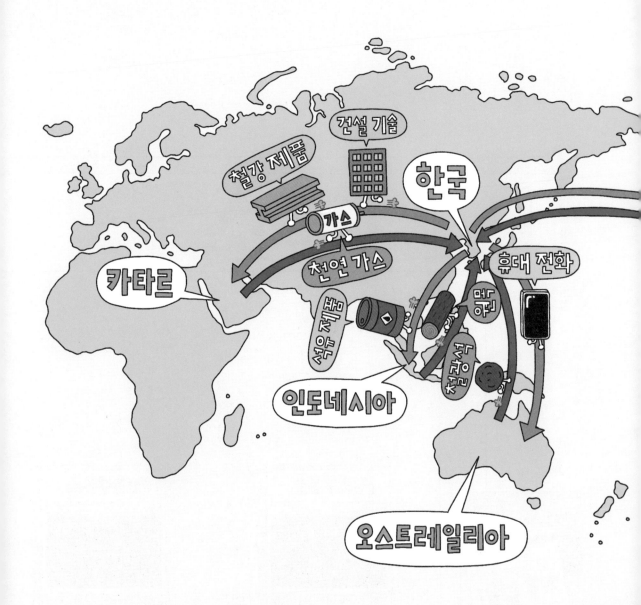

　　무역이란 나라와 나라 사이에 서로 물품을 사고파는 일이에요. 다른

나라로부터 물품이나 기술 등을 사들이는 것을 '수입'이라 하고, 반대로

자기 나라의 물건이나 기술을 다른 나라에 파는 것을 '수출'이라고 해요.

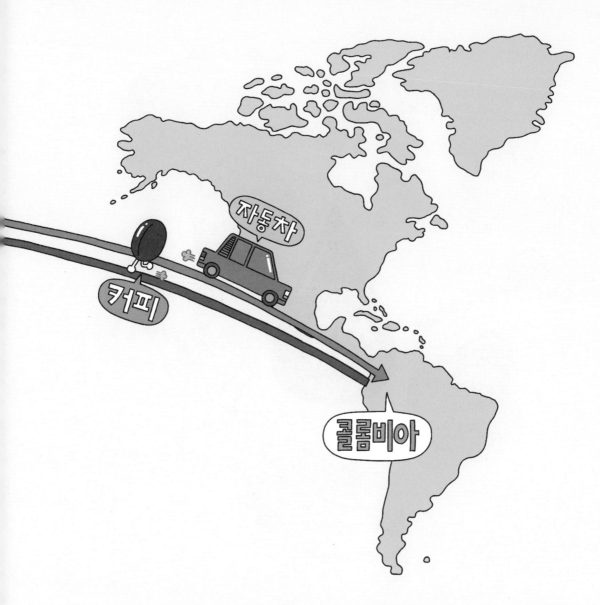

　한국은 사우디아라비아, 쿠웨이트, 이라크 등의 중동 국가와 알제리,
가봉 등의 아프리카 국가 등 여러 나라에서 석유를 수입해요. 천연자원이
풍부하지만 기술이 부족한 나라들에 전자제품, 자동차, 반도체 등을 수출
해요.

석유는 온갖 플라스틱 제품을 만드는 재료예요. 기차나 배는 석유에서 나오는 디젤유 없이 석탄으로 움직일 수 있지만, 석탄은 검은 연기를 뿜어냅니다. 항공유가 없으니, 비행기는 쓸모가 없네요. 겨울에는 할머니가 살던 때처럼 연탄을 피워야겠어요.

어떤가요, 무역을 하지 않는다면 다른 나라보다 한참 뒤떨어진 세상을 살아야겠지요?

수천 년 전부터 사람들은 무역을 통해 각자 자기 나라에 없는 것들을 사들이고, 자기 나라에는 많지만 다른 나라에는 없는 것을 팔았어요. 오늘날에는 상품뿐만 아니라 기술과 서비스, 돈도 사고팔아요.

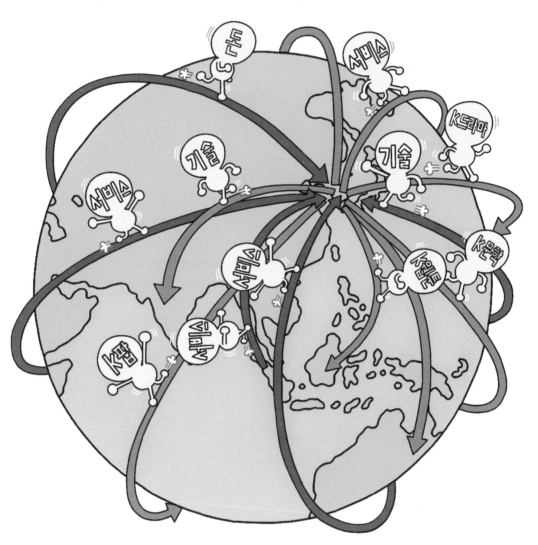

옷, 가방같이 한국에서 만들 수 있는 것들을 수입하기도 해요. 한국에서 만들면 비싸지만, 다른 나라에서 만들면 저렴해지는 것들이지요. 사람에게 일을 시키고 주는 비용을 '인건비'라고 해요. 대체로 인건비가 싼 나라에서 만드는 물건들이에요. 부자들을 위한 비싼 물품도 수입해요.

아, 중국 공장에서 만들었기 때문이야. 우리나라보다 물가가 싼 나라에서 제품을 만들면 물건을 더 저렴하게 만들 수 있거든.
공장을 유지하는 데 드는 전기, 물, 가스의 비용이나 직원의 인건비 등을 절약할 수 있으니까.

인건비는 뭐예요?

일한 사람들에게 일한 만큼 주는 돈이나 물품을 말해.

수고하셨습니다.

인건비

아! 그러면 이 옷이 인건비인 거네요.

뭐?! 하하.

10 왜 미국 달러가 항상 첫 번째로 나오나요?

말레이시아는 링깃, 태국(타이)은 밧, 덴마크는 크로네, 이라크는 디나르를 쓰듯이 나라마다 사용하는 화폐가 달라요. 이라크가 태국에서 쌀을 수입할 때 자기 나라의 화폐를 받으라고 요구하면 어떤 일이 벌어질까요?

69

서로 다른 화폐를 쓰는 나라가 거래한다면, 상대 국가의 화폐를 가지고 있거나 미리 준비해야 해요. 그러나 상대 국가의 경제 상황이 나빠지면 화폐의 가치가 떨어져요. 그런데 이라크가 무조건 자기 나라의 화폐를 받아야 한다고 하면, 태국이 손해를 볼 수 있으므로 거래하려 들지 않겠죠.

실제로 이라크가 걸프전에서 진 뒤 중앙은행에는 아무렇게나 돈이 막 쌓여 있었어요. 사람들은 그 돈을 마구 긁어다 길거리에 뿌리고 밟고 불 태웠다고 해요.

　세계의 무역은 달러를 중심으로 이뤄져요. 기축통화 가운데 유로와 엔, 파운드는 일부 국가들이 취급하지 않지만, 미국의 달러는 전 세계 국가가 쟁여놓는 유일한 화폐이지요.

　기축통화란, 나라와 나라 사이에 돈이 오고 갈 때 기본이 되는 화폐예요. 예전에는 영국의 파운드가 사용됐으나 현재는 미국의 달러, 유럽의 유로, 영국의 파운드, 일본의 엔 순으로 많이 쓰이고 있어요.

제2차 세계대전으로 서로 상대 국가의 화폐를 믿지 못하게 됐어요. 이때 미국은 달러와 바꿀 만큼 많은 금을 가지고 있으니 믿고 달러를 사용하라고 했어요. 달러가 기축통화가 된 거예요. 1975년부터는 석윳값을 달러로만 결제할 수 있도록 사우디아라비아와 비밀리에 약속한 뒤로 지금까지 기축통화국 자리를 유지하고 있어요.

　외국과 거래할 때 각 나라가 보유하고 있는 같은 종류의 기축통화로

결제하면 돼요. 전 세계의 화폐는 기축통화를 기준으로 조금씩 가치가 달

라요. 각 나라의 경제 사정이 서로 다르기 때문이지요.

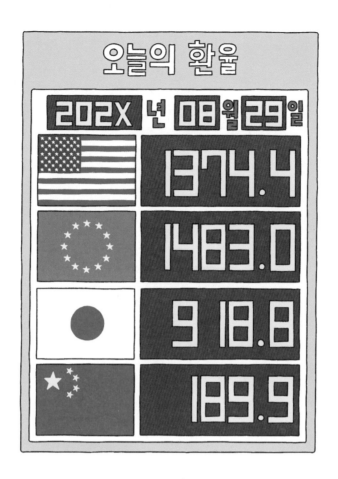

기축통화 1단위당 바꿀 수 있는 그 나랏돈의 양으로 나타내는데, 이를 '환율'이라고 해요. 기축통화로 거래하면 환율을 따질 필요가 없으므로 편리해요.

11 땀 흘리며 일 안 해도 돈을 벌 수 있다고요?

어느 나라든 어느 지역이든 경제를 발전시키기 위해 다른 나라나 특정 기업이 투자하도록 애쓰고 있어요. 투자가 일어나지 않는다면 경제는 어떻게 될까요?

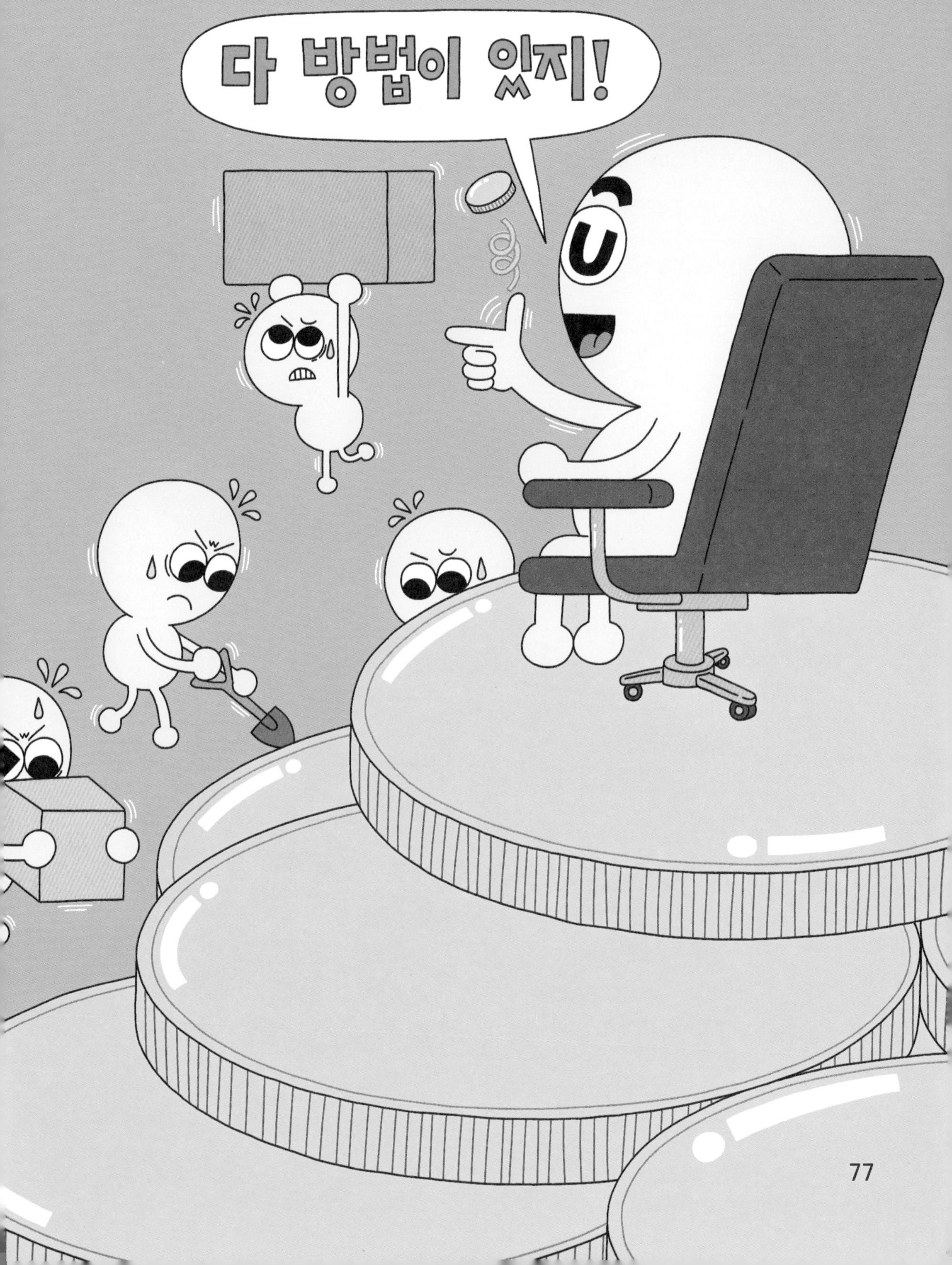
다 방법이 있지!

'투자'란, 이익을 얻기 위해 돈이나 시간, 정성 등을 쏟는 것을 말해요. 아파트나 주식 등을 샀다가 되파는 식으로 돈을 벌거나, 상품을 더 싸게 생산해서 이윤을 높이기 위해 인건비, 땅값 등이 싼 지역에 공장을 짓거나, 상품을 많이 만들어 팔기 위해 새로 공장을 짓는 식이죠.

여러분이 어른이 됐을 때 올바르게 그리고 사회에서 자신의 실력으로 멋지게 살아 나가도록 여러분을 가르치는 것 또한 투자예요.

　땅은 넓지만 사람이 많이 살지 않은 지역에 공장이 지어진다면, 일자리를 얻기 위해 사람들이 몰려들 거예요. 집과 건물이 많이 지어지고 옷 가게, 식당, 미용실, 카페, 극장 등 상점들이 곳곳에 생겨나요. 사람들은 경제적으로 여유로워지고, 원하는 것을 소비해요.

투자가 이루어진 지역은 경제 활동이 활발해지면서 세금을 많이 걷게 되고, 세금으로 도로, 학교, 병원 등 공공시설을 많이 지어 전보다 더 살기 편해져요. 사람들이 계속 모여들고 더 많은 시설이 세워짐에 따라 새롭고 다양한 투자가 이루어져요.

투자한 기업은 세금을 면제받거나 적게 내는 등 혜택을 얻어 투자 비용을 줄이는 효과를 얻어요. 투자한 지역에서 기업 이미지가 좋아져서 상품과 서비스의 판매가 잘 이뤄져요. 사람들은 이 기업의 주식을 사는 식으로 투자해요. 기업은 투자금으로 새 사업을 시작하거나 생산 시설과 건물을 더 지을 수 있어요.

한국의 대기업 삼성은 중국 후이저우시에 투자해 삼성 스마트폰 공장을 세웠어요. 시간이 지날수록 이익이 줄고 팬데믹 때문에 공장이 원활하게 돌아가지 않자, 삼성은 2019년에 30년 가까이 가동되던 후이저우 공장의 문을 닫았어요. 공장 직원 1만여 명과 관련 업체 직원 3~5만 명이 하루아침에 실업자가 됐어요. 사람들은 일자리를 찾으러 다른 곳으로 떠나야 했어요. 도시는 고요해졌고 후이저우시의 경제는 엉망이 됐어요.

한동안 후이저우시는 많은 기업의 투자를 기다렸어요. 현재는 중국 전자제품 회사 공장이 들어섰고 예전처럼 활기를 되찾았어요.

물가와 돈의 가치

12 돈에 적힌 숫자와 돈의 가치는 다른 거라고요?

2009년 세금이 바닥난 짐바브웨는 중앙은행에서 돈을 많이 찍어 냈어요. 나라에 돈이 많아졌다고 짐바브웨 국민이 좋아했을까요? 만일, 전 세계 국가들이 짐바브웨처럼 한다면 무슨 일이 벌어질까요?

공책을 사려고 해요. 문구점에서는 500원이고, 마트 내 문구 코너에서는 700원이에요. 500원, 700원 하는 공책 각각의 값을 '가격'이라고 해요. 이 공책들의 평균 가격은 600원이에요. 값이 다른 같은 물건의 평균 값을 '물가'라고 해요.

물가가 오르면 어른들은 "먹고살기 힘들다."고 말해요. 물가는 돈의 가치를 알려 주는 기준이 돼요. 동전이나 지폐에 적혀 있는 숫자는 표시일 뿐 가치를 나타내는 게 아니에요.

　물가가 오르기 전에는 1000원으로 아이스크림을 하나 살 수 있었다고 하면, 물가가 오르면 돈을 더 보태야 아이스크림을 살 수 있지요. 돈의 가치는 물건을 바꿀 수 있는지로 알 수 있어요. 전과 다르게 1000원으로 물건 하나도 못 사게 되면 돈의 가치가 떨어진 거예요.

물가가 너무 오르면 사람들이 돈을 쓰지 않게 되어 나라의 경제가 잘 돌아가지 않게 돼요. 나라에서는 곡식, 육류, 수산 식품 등을 저렴하게 수입해서 국산품과 자연스레 경쟁하게 하는 식으로 물가를 조정해요. 중앙은행에서 돈을 찍어 내고 이자를 낮게 정해서 사람들이 돈을 많이 빌리게 해요. 이 밖에도 여러 가지 방법이 있어요.

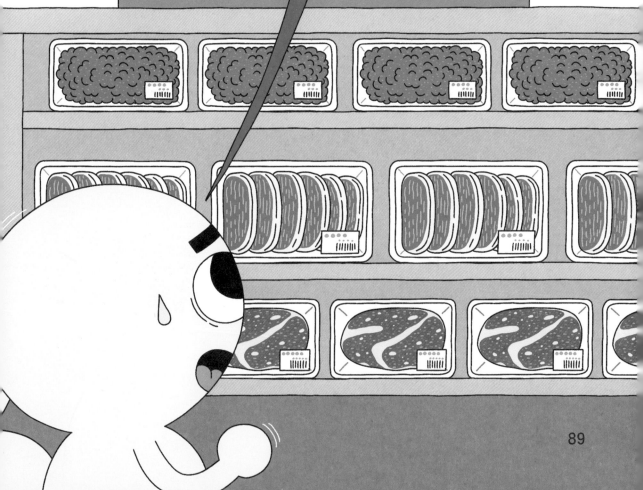

89

물건이 흔하면 귀하게 여기지 않듯이 마찬가지로 돈도 흔해지면 그 가치가 떨어져요. 나라에서 돈을 너무 많이 찍어 내면 시중에 돈이 많아져서 물가가 크게 올라요.

짐바브웨의 경우 달걀 3개에 1000억 달러, 버스비는 3500만 달러나 했어요. 여기서 달러는 짐바브웨 달러예요.

이렇게 상품의 가격이 실제 가치보다 훨씬 부풀려지는 현상을 '인플레이션'이라고 해요.

인플레이션 현상을 해결하기 위해 국가는 화폐개혁을 해요. 원, 달러
같은 돈의 단위를 바꿔 버리거나 숫자 0을 몇 개 없애는 식으로 새로운
화폐를 찍어 내는 거예요. 짐바브웨의 경우 세 번이나 화폐개혁을 했지만
실패했어요. 지금은 외국 돈인 미국의 달러와 남아프리카공화국의 랜드,
유럽연합의 유로를 쓰고 있어요.

13 국가도 망해요?

관광과 해운업이 발달했지만, 자원이 많지 않은 그리스는 여러 차례 다른 나라로부터 돈을 빌리고는 갚지 못하겠다고 한 적이 몇 번이나 있어요. 만일 국가가 돈을 빌리고 갚지 못하면 망하는 걸까요?

국가는 다른 나라로부터 돈을 빌리기도 하는데, 이를 '차관'이라고 해요. 국토 대부분에 철도를 건설하거나 국방을 위해 무기를 사들이는 일 같이 국가에서 하는 일에는 어마어마한 돈이 들어가요. 이때 세금을 단번에 다 써 버릴 수 없으므로 미래에 갚는 조건으로 외국에서 돈을 빌려요. 돈을 빌려주는 국가 입장에서는 투자하는 셈이에요.

빌린 돈은 정해진 기간 안에 원금과 이자를 갚아야 해요. 대개 차관으로 경제를 더 발전시키면 충분히 갚을 수 있다고 여겨요. 하지만 국가 경제가 좋아지기는커녕 더 나빠져서 갚지 못하기도 해요. 이럴 때 '지금도 앞으로도 빚을 갚을 돈이 없으니 알아서 하시오.'라는 의미로 다른 나라에 알리는데, 이를 '디폴트 선언'이라고 해요.

한편, '빌린 돈을 갚고 싶은데, 당장은 어려우니 기다려 달라.'라고 하는 건 '모라토리움'이라고 해요. 빚을 갚을 수 없게 되는 것을 '부도'라고 하는데, 국가가 진 빚을 갚지 못해 디폴트를 선언하게 되면, 국가부도 상태가 됐다고 해요.

많은 국가가 서로 거래할 때 기축통화를 사용하므로, 기축통화에 해당하는 외국 돈과 언제든 맞바꿀 수 있는 금을 함께 모아둬요.

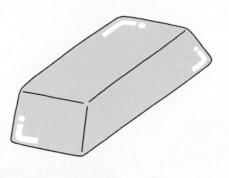

이를 '외환보유고' 또는 '외환보유액'이라고 해요. 가장 많이 쓰이는 기축통화는 달러이므로, 외환보유고 하면 흔히 달러를 말해요.

빚을 갚을 때도 기축통화를 사용하므로 외환보유고가 부족하면 문제가 생겨요.

1997년에 한국도 경제 위기 때 외환보유고가 부족해서 일본으로부터 빌린 돈을 갚을 수 없게 되자, 국가부도 상태가 됐어요.

이를 해결하기 위해 한국 정부는 'IMF'라고 불리는 국제통화기금으로부터 돈을 빌려야 했어요.

그리스는 오스만 제국으로부터 독립한 1830년 이전부터 디폴트를 선언했어요.

이때부터 200년 동안 총 6번의 디폴트를 선언했지요.

2015년에 디폴트를 선언한 이후 그리스는 빚을 갚기 위해 IMF로부터 돈을 빌렸어요.

IMF에서는 돈을 빌려주면서 몇 가지 조건을 내놓아요. 빌린 돈을 허투루 쓰지 못하게 하고 빠른 시기에 갚도록 하기 위함이지요.

국가부도 위기에 이를 만큼 경제가 좋지 않더라도 IMF 같은 국제 조직의 도움을 받을 수 있으므로 국가가 망할 일은 거의 없어요. 다만, IMF가 내놓은 조건들은 매우 까다로워서 돈을 빌린 국가의 국민은 아주 힘든 시기를 보내야 해요.

경제 교실 관련 상식 퀴즈

01 아주 오랜 옛날, 사람들은 필요한 것을 스스로 구하는 '자급자족'의 삶을 살았어요. ○ ×

02 돈으로 물건을 사거나 팔지 않고 직접 물건과 물건을 바꾸는 일을 _____ 이라고 해요.

03 '생산'은 생활하는 데 필요한 각종 물건이나 서비스를 만들어내는 거예요. ○ ×

04 사람이 만들어낸 재화와 서비스를 나누는 것을 '분배', 사용하는 것을 _____ 라고 해요.

05 '가계'는 돈을 많이 벌기 위해 물건을 만들어 널리 파는 등의 생산 활동을 하는 조직이에요. ○ ×

06 콩고 왕국은 1600년대까지 '은짐부' 또는 '짐보'라 불리는 _____ 를 돈으로 사용했어요.

07 물건이나 서비스를 팔려고 하는 것을 '수요'라고 해요. ○ ×

08 시장은 팔고자 하는 사람과 사고자 하는 사람을 연결해 줘요. ○ ×

09 사람이 원하는 것에 비해 재화나 서비스가 부족한 것을 '자원의 희소성'이라고 해요. ○ ×

10 '경제원칙'이란 할 수 있는 한 가장 적은 비용 또는 노력을 들여서 가장 큰 효과를 얻는 거예요. ○ ×

11 자원의 희소성은 선택의 문제를 일으켜요. ○ ×

12 개인이든 기업이든 나라든 기회비용을 따져서 그 값이 큰 쪽을 선택해요. ○ ×

13 물건이 만들어진 뒤 필요한 사람들에게 도달하기까지 여러 단계에서 교환되

고 분배되는 과정을 _____ 이라고 해요.

14 상인은 생산자로부터 사들인 물건의 가격과 소비자에게 판 가격의 차이로 이익을 얻어요. ○ ×

15 나라와 나라 사이에 서로 물품을 사고파는 일을 _____ 이라고 해요.

16 자기 나라의 물건이나 기술을 다른 나라에 파는 것을 '수입'이라고 해요.
○ ×

17 나라와 나라 사이, 상품뿐만 아니라 기술과 서비스, 돈도 사고팔아요. ○ ×

18 사람에게 일을 시키고 주는 비용을 '인건비'라고 해요. ○ ×

19 나라와 나라 사이에 돈이 오고 갈 때 기본이 되는 화폐를 _____ 라고 해요.

20 기축통화로 거래하면 환율을 따질 필요가 없으므로 편리해요. ○ ×

21 '투자'란, 이익을 얻기 위해 돈이나 시간, 정성 등을 쏟는 것을 말해요.
○ ×

22 물가가 너무 오르면 사람들이 돈을 쓰지 않게 되어 나라의 경제가 잘 돌아가지 않게 돼요. ○ ×

23 상품의 가격이 실제 가치보다 훨씬 부풀려지는 현상을 _____ 이라고 해요.

24 국가가 진 빚을 갚지 못해 디폴트를 선언하게 되면, 국가부도 상태가 됐다고 해요. ○ ×

25 가장 많이 쓰이는 기축통화는 파운드이므로, 외환보유고 하면 흔히 파운드를 말해요. ○ ×

정답
01 ○   02 물물교환   03 ○   04 소비   05 ×   06 조개껍데기   07 ×   08 ○
09 ○   10 ○   11 ○   12 ×   13 유통   14 ○   15 무역   16 ×   17 ○
18 ○   19 기축통화   20 ○   21 ○   22 ○   23 인플레이션   24 ○   25 ×

경제 교실 관련 단어 풀이

4차 산업혁명 인터넷으로 세상이 더 편리해지는 것.

거래 주고받음. 또는 사고팖.

걸프전 1990년 이라크가 쿠웨이트를 쳐들어가서 공격하자, 미국이 이끄는 여러 나라의 군대와 이라크 사이에 벌어진 전쟁. 1991년 2월 28일에 이라크가 져서 중동 지역에서 미국의 힘이 더 커지게 됨.

경제주체 개인, 기업, 정부처럼 경제 활동을 하는 단위.

국제통화기금(IMF) 세계 무역의 안정을 위해 1947년에 설립된 국제 금융 기구.

기축통화 미국의 달러와 일본의 엔처럼 나라끼리 거래할 때 사용하는 기본 돈.

기회비용 무엇인가를 선택했을 때 포기해야 하는 것 중 가장 중요한 것의 가치.

돼지열병(CSF) 사람의 콜레라와 마찬가지로 돼지에게서 발생하는 전염병.

물물교환 돈으로 물건을 사거나 팔지 않고 직접 물건과 물건을 바꾸는 일.

소셜 네트워크 서비스(SNS) 사람들이 인터넷으로 서로 이야기하고 사진 등을 나누는 서비스.

소수민족 여러 민족이 사는 나라에서 다른 사람들보다 인구가 적고 언어와 관습이 다른 민족.

아라비아 상인 아시아, 유럽, 아프리카 북부 지역을 오가며 무역 활동을 하던 이슬람 상인으로, 고려 시대에 한반도에서도 활발하게 무역을 함.

앱카드 스마트폰에서 사용하는 신용카드.

오지 도시에서 멀리 떨어져 있어 교통이 불편하고 문화의 혜택이 적은 땅.

운용 물건이나 규칙 등을 알맞게 사용하는 것.

이익 벌어들인 돈에서 그 돈을 벌기 위해 쓴 비용을 뺀 나머지 돈.

인공지능(AI) 컴퓨터가 사람처럼 생각하고 배우고 판단해서 스스로 행동하도록 만드는 기술.

자급자족 살아가는 데 필요한 것을 직접 만들거나 구하는 것.

자율 주행 운전자가 직접 운전하지 않고, 자동차가 스스로 움직이고 길을 찾는 것.

전자화폐 컴퓨터나 스마트폰에서 사용하는 돈.

제2차 세계대전 1939년부터 1945년까지 유럽, 아시아, 아프리카 등 여러 대륙에서 많은 나라가 싸운 큰 전쟁. 독일, 일본, 이탈리아 같은 나라들이 주로 싸움.

천연자원 땅에서 자연적으로 나오는 쓸모 있는 나무, 물, 돌 같은 것들.

팬데믹 사람들끼리 쉽게 옮는 감염병이 전 세계 여러 나라에 퍼지는 현상.

희소성 사람이 원하는 것보다 양이 적거나 질이 낮아서 귀하게 여겨지는 것.